1 MONTH OF
FREE
READING

at

www.ForgottenBooks.com

By purchasing this book you are eligible for one month membership to ForgottenBooks.com, giving you unlimited access to our entire collection of over 1,000,000 titles via our web site and mobile apps.

To claim your free month visit:

www.forgottenbooks.com/free1269795

ISBN 978-0-364-91603-2
PIBN 11269795

Der Stern

Deutsches Organ der Kirche Jesu Christi der Heiligen der letzten Tage.

---

44. Band.

„Zu welchen Grundsätzen der Intelligenz wir uns auch immer in diesem Leben heranbilden, dieselben werden mit uns in der Auferstehung hervorkommen. . . . .

Es ist ein Gesetz, welches vor der Grundlage dieser Welt im Himmel unwiderruflich beschlossen wurde, auf welches alle Segnungen bedingt sind. Und wenn wir irgend eine Segnung von Gott empfangen, so geschieht es durch Gehorsam zu dem Gesetze, auf welches sie bedingt wurde."   Joseph Smith.

Herausgegeben von der

Schweizerisch = Deutschen Mission.

Basel 1912.

Inhalts-Verzeichnis.

Der Stern.

Deutsches Organ der Kirche Jesu Christi
der Heiligen der letzten Tage.

→ Gegründet im Jahre 1868. ←

„Sei dir selber treu, und daraus folgt so wie die Nacht dem Tage, du kannst nicht falsch sein gegen irgend wen."
(Shakespeare).

| No. I. | 1. Januar 1912. | 44. Jahrgang. |

Vorwärts mit Gott.

Rasch saust das Rad am nimmer rastenden Webstuhl der Zeit, und im heißen Kampfe um Erwerb und Existenz reißt diese die Menschheit mit sich fort im wilden Taumel, daß sie es kaum merkt, wie rasch Stunden, Tage, Wochen und Monate dahinfliegen. Dennoch aber steht der Mensch von Zeit zu Zeit stille, seinen Blick rückwärts wendend, dem durcheilten Wege zu und da kommt ihm erst zum Bewußtsein, wie rasch die Stunden entflohen, deren jede ihn dem Grabe um einen Schritt näher gebracht hat.

An einem solchen Ruhepunkt sind wir heute, am Anfang eines neuen Jahres, wieder angelangt. Noch tönt uns in den Ohren der Klang der Glocken, die vor zwölf Monaten das junge Jahr 1911 festesfreudig begrüßten, und jetzt verkünden uns die gleichen ehernen Zungen schon wieder den Anfang eines neuen Jahres. In stiller Andacht sollen wir da unserem Schöpfer danken für all das, was das Jahr 1911 uns gebracht, ihn anflehen, daß er das Jahr 1912 zu einem für uns günstigen und segensreichen gestalten, seinen Lauf zu unserem Besten lenken möge. Das alte Jahr sank soeben wieder hinab in das Meer der Vergessenheit, und wir stehen am Grabe all der Wünsche und Hoffnungen, die es unerfüllt gelassen hat. Schon aber steigt auch wieder das „Neue Jahr" im gleichen, glänzenden Morgenrote herauf, wie das verflossene, ebenso freudig und laut begrüßt, wie alle seine Vorgänger, und wie alle seine Nachfolger begrüßt sein werden. Wieder stehen wir freudigen Herzens und leuchtenden Blickes an der Wiege eines neuen Jahres. Man könnte fast meinen, das verflossene Jahr habe nur Glück und Segen gebracht, nur Wohltaten verteilt, und auch das kommende könne nur eitel Freude spenden. Und doch, wie mancher wird sich heute wohl einer trüben Stunde entsinnen müssen, die ihm zuteil geworden, wie mancher trauert einem verlorenen Glücke nach. Freue sich heute, wer Freude im Herzen zu tragen vermag! Weiß doch niemand, ob in dem kommenden Zeitabschnitt nicht auch ihm eine

Rose welkt, ob er nicht vielleicht selbst als dürres Blatt vom Baume dieser Erde fällt. Aber selbst der Fröhlichste wird sich heute, an der Wende eines Jahres, kaum eines ernsteren Gedankens erwehren können, heute, da wir wieder an einem Marksteine im Leben angekommen sind, wo uns der Ernst des Werdens und Vergehens tiefer zu Gemüte geführt wird, als sonst.

Da geziemt es sich denn wohl, den Blick rückwärts zu wenden, zu sehen, was wir in den 365 Tagen des verflossenen Jahres hinter uns gebracht haben. Dann werden wir wohl erkennen, als einzelner, wie als Volk, daß diese knappe Spanne Zeit uns doch so manches Ereignis gebracht hat, an das wir vorher nicht gedacht haben. Wie dem aber auch sei, die Rechenschaft, die wir uns an diesem Tage ablegen, soll und muß zeigen, daß auch das verflossene Jahr wieder zu unserer und unserer Nächsten Besserung gedient hat. Die Bilanz, die wir aus unserem Leben ziehen, muß einen Ueberschuß an Gutem ergeben, gegenüber dem Bösen, dem wir alle ausgesetzt sind, so lange wir hier weilen. Ernsten Sinnes und mit dem aufrichtigen Wunsche im Herzen, die alten Fehler zu vermeiden, sollen wir uns an diesem Tage dem Nachsinnen über den verflossenen Lebensabschnitt hingeben; Gott, den Lenker aller Dinge, anrufen, im innigsten Gebet, mehr noch als sonst, daß er unserem guten Vorsatze zur Besserung seinen Segen angedeihen lassen möge, daß er uns helfen möge, unsere guten Wünsche zu Taten aufwachsen zu lassen. Wir können nur versuchen, unser Bestes zu tun zum Wohle unserer selbst und der Menschheit. Was das neue Jahr uns bringen wird, das wissen wir nicht, wir können hier nur hoffen und wünschen. Auf und nieder wogt das endlose Meer der nie ruhenden Zeit, jeder ihrer Wellenschläge ist ein Jahr. Tief darinnen aber ruht verborgen der Menschen Glück und Unglück. Im schwankenden Nachen des Daseins heben und senken wir uns mit der Woge der Zeit; heute hebt sie uns empor, damit wir Umschau halten über das, was gewesen ist, und den Blick vorauswerfen auf das, was kommen wird. Vielleicht breitet sich das Meer still und weit vor uns aus, einladend zu glatter, gefahrloser Fahrt, vielleicht aber auch türmen sich Wogenberge vor unserem Blick, weht uns drohend ein Orkan entgegen.

Nur e i n e s ist bei all dem Wechsel sicher, daß jede Woge, die uns hebt und deren Wechsel wir heute, im fröhlichen Kreise wieder so froh begrüßen, den Nachen immer weiter hinausträgt, immer weiter hinaus auf das Meer des Lebens, und daß uns keine zurückbringt zu dem Gestade, von dem wir einst in fröhlichem Jugendmute hinausgeschifft sind auf dieses weite Meer. Einem unbekannten Lande steuern wir zu, mit oder gegen unseren Willen. Wie weit und wie lange diese Fahrt noch gehen wird, weiß keiner. Das aber wissen wir, daß auch das neue Jahr uns wieder neue Aufgaben bringen wird, im Heim, in der Familie, im geschäftlichen und sozialen Leben, Aufgaben, denen wir uns widmen m ü s s e n, mit der ganzen Tatkraft unseres Seins, wenn wir nicht untergehen wollen, im tiefen, weiten Meer; Aufgaben, denen wir uns nicht entziehen d ü r f e n, wenn uns an dem Wohle unserer Seelen, an dem Wohl und Wehe unserer Familie, der Stadt und des Staates, in denen wir wohnen, etwas gelegen ist. Nicht rasten noch ruhen dürfen wir, bis unser Lebensschifflein das Ziel erreicht hat, das ihm Gott, der Allmächtige, gesteckt hat. Begrüßen wir das neue Jahr mit ungebeugtem Mute und froher Zuversicht, denn Er, ohne dessen Willen und

Willen kein Sperling vom Dache fällt, kein Haar auf unserem Haupte gekrümmt wird, wird unser eigenes Schicksal sowohl wie das der Völker lenken und seine Kirche leiten und regieren zu einem guten Ende! Darum: Vorwärts mit Gott! Vorwärts eilt die Zeit — unaufhaltsam. Die Sekunden reihen sich zu Minuten, aus diesen werden Stunden, die Stunden wandeln sich zu Tagen und diese zu Wochen, Monaten, Jahren. Ob wir wollen oder nicht, dieses drängende, treibende „Vorwärts" tritt uns überall entgegen und, je älter wir werden, um so schneller entschwindet die Zeit, geht ein Jahr nach dem anderen dahin ins endlose Meer der Vergangenheit. Dieses hastige Vorwärtsgehen mag uns wohl im Getriebe des Alltags kaum zum Bewußtsein kommen, obgleich doch mit jedem Schlage der Uhr, mit jedem Stoß unseres Herzens und unseres Pulses ein Stück unseres Lebens unwiederbringlich dahingeht. Nur dem wird es ein klares Bild sein, wohin sein Leben gegangen ist, für welchen Zweck er gelebt hat, wenn er bei diesem Vorwärtsdrängen zum Führer sich einzig und allein Gott wählte. Am Neujahrstage da ist es uns, als rausche in gespenstiger Weise der Flügelschlag der Zeit an uns vorüber, uns zeigend, wo wir gefehlt, tröstend, mahnend, jubelnd, kurz, alle Saiten unseres Seelenlebens berührend. Froh und innig glücklich aber werden wir nur sein, wenn wir sagen können: Ich ging vorwärts mit Gott und will auch im neuen Jahre nur mit Ihm und für Ihn, den Allmächtigen, aber auch Allgütigen und Allweisen, vorwärts gehen.

Es gilt auf dieser Welt kein Zagen und kein Verweilen. Ob wir in frischer Jugendkraft mit tausend Hoffnungen und Plänen über des Jahres Schwelle treten und freudig dem „Vorwärts" des Lebens entgegenjauchzen — oder ob wir auf der Höhe des Lebens so gerne dieses „Vorwärts" aufhalten und die Jahre zu verweilen bitten möchten — oder ob wir in Kummer und Leid müde von dem Pilgerlauf auf dieser Erde, dem Leben noch Flügel geben möchten, dem Ende zu: es folgt uns nicht; während wir wünschen, hoffen und sinnen, stürmt unsere Welt weiter in ihrem geordneten Lauf, rinnt unser Leben vorwärts, vorwärts! Darum: Vorwärts mit Gott!

Es gibt in Gottes Schöpfung keinen Stillstand. In diesem eilenden Leben, in dem neu sich erschließenden, noch dunklen Jahr, von dem wir nur wissen, daß es dahingehen wird, wie seine Vorgänger, gibt es nur ein einziges festen Halt, das ist der ewige, unveränderliche Gott, „von dem und in dem und zu dem alle Dinge sind". An seiner Hand nur und einzig in seiner Gemeinschaft erhält dieses „Vorwärts" ein Ziel und einen Zweck, löst sich alle Wehmut in Festigkeit, erschließt sich auch selbst über unserem letzten Lebensjahre ein ewiges und seliges „Vorwärts"!

„Vorwärts mit Gott!" sei darum die Losung des neuen Jahres:

„Hilf Du uns durch dies Leben
Und mache fest das Herz!
Gib uns ein rechtes Streben
Und führ uns heimatwärts!"

Jakob E. Hübner.

———————

Gibt's schön're Pflichten für ein edles Herz, als ein Verteidiger der Unschuld sein?

Mormonismus im Lichte der Vernunft.

Es ist ein Punkt in unserem Glauben, welchen zu beweisen eine Unmöglichkeit ist, nämlich, daß der Vater und der Sohn sich dem Propheten Joseph Smith n i c h t offenbarten. Um imstande zu sein, dieses zu beweisen, muß man mit allem, was der Vater und der Sohn getan haben, bekannt sein; und es könnte sein, daß wenn man es nicht wäre, daß gerade das, mit dem man nicht bekannt wäre, die Offenbarung dem Prophetenknaben gegenüber wäre.

Wie oft haben sich die Leute, nachdem wir ihnen unser Zeugnis, bezüglich der Offenbarung Gottes in den letzten Tagen, gegeben haben, von uns gewandt und ausgerufen „wie einfältig und unvernünftig solch eine Behauptung ist". Nun in erster Linie ist überhaupt nichts einfältiges und unvernünftiges bei der Sache. Es würde so sein, wenn sie etwas Unmögliches als eine geschehene Tatsache hingestellt hätte. Aber niemand, der an das Dasein eines Gottes glaubt — an seine Weisheit, Güte und Macht — betrachtet die Offenbarung Gottes, den Menschen gegenüber, als eine Unvernünftigkeit. Zu verleugnen, daß Gott sich den Menschen nicht kund tun könnte, würde sehr unvernünftig sein, denn man würde dadurch die Kraft Gottes verleugnen, und niemand würde töricht genug sein, so etwas zu tun. Daher, soweit es Gott anbetrifft, ist es keine Unmöglichkeit für Ihn, sich den Menschen zu offenbaren. Und dies müssen die Feinde der Kirche zugeben.

Es gibt noch einen anderen Punkt, den unsere Feinde auch zugeben müssen, nämlich, daß Gott die Tatsache, daß Er sich dem Propheten Joseph Smith offenbarte, auch einer andern Person oder Personen kund tun kann. Folglich, soweit wir den Punkt betrachtet haben, ist uns noch nichts unvernünftiges am Mormonismus aufgefallen.

Aber die Frage wird oft gestellt: „Warum sollte sich Gott dem Joseph Smith offenbaren?" Die erste Antwort auf diese Frage ist, daß die Welt eine solche Offenbarung nötig hatte. Für hunderte von Jahren haben die christlichen Kirchen ein recht trauriges Bild dargestellt. Anstatt der Einigkeit ist Zersplitterung vorhanden gewesen. Es scheint, daß sie tatsächlich die Idee gehabt haben, daß Gott mehr mit der Verwirrung, denn mit der Ordnung zufrieden wäre. Anstatt die Lehre Christi zu verkündigen, welche „einen Herrn, einen Glauben und eine Taufe" in sich schließt, sind Lehren aufgestellt worden, die im direkten Gegensatz zu einander stehen, und die das menschliche Gemüt so verwirrt und verdreht haben, daß die Menschen nicht mehr wußten, was sie eigentlich glauben sollten. Wenn je in der Geschichte eine Periode vorhanden war, wenn eine Offenbarung — das Erscheinen eines inspirierten Diener Gottes — nötig war, so ist es wahrlich die gegenwärtige Zeit, das Alter, in dem wir leben. Die Notwendigkeit einer Offenbarung, eines Empfanges mehr himmlischen Lichtes, ist schon von Tausenden in den vergangenen Zeitaltern gefühlt und gewünscht worden. Es war die Notwendigkeit desselben, die den Poeten zu den folgenden Worten inspirierte:

„Wo soll'n wir geh'n zu finden
Nachfolger, die wie sie das Wort verkünden.
Millionen vom Wege des Lebens gewandt,
Erwartend sehnend Licht, von Gott gesandt."

Vor einigen Jahren wurde ein, in den südlichen Staaten der Union wohnender Mann, von den Predigern der beiden in dem Bezirke vorhandenen Kirchen besucht. Sie sagten ihm, daß sie als Vertreter des Volkes zu ihm gekommen wären, um ihn vor der Beherbergung der Mormonen-Missionare zu warnen. „Sie verlieren den Respekt ihrer Nachbarn und aller Leute in dieser Umgegend," sagten sie, „dieweil sie den beiden Mormonen-Missionaren, die hier ihr Wesen treiben, freundlich gegenüber gesinnt sind; man hat verlangt, daß wir Sie besuchen und Sie warnen, die Aeltesten in keiner Hinsicht irgendwie zu begünstigen."

„Und bitte," sagte der Mann zu den beiden Predigern, „was haben Sie gegen diese beiden Missionare?"

„Einfach dies," war die Antwort, „daß sie glauben, daß Joseph Smith ein Prophet war."

„Ja, und wissen Sie denn, daß er kein Prophet des Herrn war," entgegnete der Mann?

„Nein," sagte einer der Seelsorger, „wir wissen nicht, daß er kein Prophet des Allerhöchsten war; aber wir glauben nicht, daß er es war."

„Nun," sagte der Herr, „ich weiß nicht, ob Joseph Smith ein Prophet Gottes war oder nicht; aber soviel weiß ich, daß wenn Joseph Smith kein Prophet war, der Herr wohl weiß, wie nötig wir einen Propheten gebrauchen."

Wenn es zugegeben ist — und es ist von Tausenden von Leuten zugegeben worden —, daß die Welt neue Offenbarungen, und einen neuen Propheten gebraucht, ist es nicht vernünftig anzunehmen, daß Gott dem dringenden Begehr der Menschheit entsprechen wird? Vom Morgen der Schöpfung bis auf die gegenwärtige Zeit hat Er für das zeitliche und geistige Wohl seiner Kinder gesorgt, und wird auch fortfahren, so zu tun. Das erste, das der Schöpfer tat, nachdem der Mensch durch Uebertretung fiel, war, daß Er ihm einen Heiland verhieß, der ihn erlösen und zurück in die Gegenwart des Vaters bringen sollte, um dort mit ewigem Leben gekrönt zu werden. Und wir können sicher sein, daß der Allmächtige sein Interesse in dem Heile des Menschen, noch nicht verloren hat.

Wenn man die Verwandtschaft Gottes zu den Menschen betrachtet, so ist es soviel vernünftiger zu glauben, daß, als Er den Menschen in Finsternis umherirren sah, nicht imstande, seinen Weg zu finden, Er ihm Licht senden und seine Füße auf den richtigen Pfad lenken würde. Vor nicht langer Zeit erkrankte der Sohn eines reichen amerikanischen Kaufmannes ganz plötzlich, und alle fürchteten für sein Leben. Sein Vater war in einer Gegend, sehr weit entfernt von dem Orte, wo der Sohn krank darniederlag; aber sobald er von dem Zustand seines Sohnes erfuhr, charterte er einen Schnellzug und eilte mit der größten Geschwindigkeit über den Kontinent, um seinen sterbenden Sohn zu sehen. Dies Bezeugen der menschlichen Barmherzigkeit ist nur ein trüber Schatten, wenn verglichen mit der Liebe und Barmherzigkeit, die in der Brust eines ewigen Vaters wohnt.

Somit sage ich, daß die Notwendigkeit, welche die Welt in diesen letzten Tagen für eine Offenbarung hatte, eine sichere Prophezeiung war, daß Gott den Drang der Menschenseele stillen würde. Und Er hat es auch getan. In glorreicher Offenbarung hat Er sich und seinen Sohn Jesus Christus gezeigt; in Fülle hat er das ewige Evangelium wiederhergestellt, er hat weise Männer und Propheten erweckt, damit sie ihren Mitmenschen die Absichten und Wege Gottes lernen möchten, so daß sie in seinen Pfaden wandeln könnten. Er hat die wahre Kirche Christi auf Erden wieder aufgerichtet, und ersucht heute alle Einwohner der Erde, sich derselben anzuschließen; Er hat das Werk der Versammlung seiner Erwählten von den vier Winden der Erde begonnen; alles dies hat er getan und noch viel mehr, und Tausende von Zeugen erweckt, die die Wahrheit dieser Tatsache bestätigen.

Die Beweise für die Wahrheit des Mormonismus stehen so klar da, wie ein Berg in Sonnenlicht gehüllt; aber dennoch sind es nur wenige, die denselben glauben. Und hierüber darf man sich nicht wundern. In den Tagen des Erlösers und seiner Apostel war es dasselbe. Ungeachtet der Beweise, welche Gott der Welt bezüglich der Göttlichkeit seines Sohnes Jesu Christi, und von der Wahrheit der Lehren, die er brachte, gab, waren es nur wenige, die an Ihn glaubten und Sein Evangelium annahmen. Die Ursache, daß nicht mehr an Christus glaubten, war, daß Glauben an Ihn große Opfer und Selbstverleugnung erforderte. Um Jünger des Messias und Mitglieder Seiner Kirche zu werden, mußten die Menschen die falschen Lehren, denen sie angehangen, und nachgelebt hatten, aufgeben. Sie mußten sich selbst verleugnen, ihr Kreuz auf sich nehmen und dem Meister nachfolgen, durch guten oder üblen Bericht. Mormonismus verlangt genau dasselbe, und daher ist es auch nicht überraschend, daß die Welt sich so skeptisch demselben gegenüber verhält.

Zur Zeit, da der Schreiber eine Mission in Großbritannien erfüllte, wurde er mit einigen Missionar-Kollegen zu einem Abendessen von einem Prediger der Englischen Kirche eingeladen. Während des Abends zog der Prediger ein kleines Büchlein aus seiner Tasche hervor — „Die Stimme der Warnung". „Ich betrachte dies kleine Buch," sagte er, „als eine der besten Publikationen, die je von der Presse gekommen sind. Mein Bruder, welcher ein Mitglied ihrer Kirche ist, schenkte mir dies Buch, vor dem er nach Utah ging." „Und nun," fügte er hinzu, „mache ich Ihnen, meine Herren, ein Bekenntnis, und das ist, daß ich jedes Prinzip der Mormonenreligion glaube. Vergangenen Sonntag predigte ich in meiner Gemeinde von der Erlösung der Toten."

Wir waren nicht wenig überrascht, dies Bekenntnis von dem Munde dieses Seelsorgers zu hören. „Wenn das wahr ist," sagte einer unserer Missionare, „warum schließen Sie sich denn nicht unserer Kirche an?"

Der Prediger lächelte und zuckte die Achseln. „Ich amtiere," sagte er, „hier über eine schöne ansehnliche Kirche. Ich habe eine große Gemeinde und ein gutes Gehalt. Ich glaube, daß ich Gutes wirke. Meine Leute halten sehr viel von mir; aber wenn ich mich den Mormonen anschließen sollte, so würden sie nichts mehr von mir wissen wollen."

Tausende von Menschen sind in genau demselben Zustand. Jemand hat gesagt, daß wenn der Verlust des Auges, die Strafe für den Glauben an die Existenz der Monde des Jupiter wäre, daß die Leute bezüglich dieses Punktes sehr skeptisch sein würden. Insofern als Mormonismus solche großen Opfer verlangt, ist es auch nicht überraschend, daß so viele Leute nicht willig sind, sich demselben anzuschließen.

W. A. M Mill. Star.

Apostel Charles W. Penrose und Dr. James E. Talmage zu wichtigen Aemtern erwählt.

Ein Telegramm von Salt Lake City, datiert vom 8. Dezember, brachte die interessante Nachricht, daß Apostel Charles W. Penrose zum zweiten Rat des Präsidenten der Kirche erwählt sei, und daß die dadurch im Quorum der zwölf Apostel entstandene Lücke durch Dr. James E. Talmage Erhebung zum Apostelamt, gefüllt worden ist.

Zu deren Freunden in den verschiedenen Weltteilen, sowie auch zu den Heiligen war es eine freudige Ueberraschung. Beide dieser Männer sind durch ihre außerordentliche Tätigkeit auf dem Felde der Wissenschaft und Literatur berühmt, und werden in den verantwortlichen Aemtern, mit welchen sie bekleidet sind, der Kirche zum großen Segen gereichen.

Apostel Ch. W. Penrose wurde am 4. Februar 1832, in Camberwell, London, England, geboren. Nachdem er die Lehre der Heiligen der letzten Tage untersucht hatte, schloß er sich am 14. Mai im Jahre 1850, der Kirche an, und seit dem ist sein Leben ein sehr bewegtes und erreignisreiches gewesen. Obgleich er bereits neunundsiebenzig Jahre alt ist, erfreut er sich doch noch der Rüstigkeit eines jungen Mannes; sein Schritt ist leicht und sein Auge klar, wie das eines Vierzigjährigen. Sein gesunder Körper hat seinen regen Geist in seiner rastlosen Arbeit unterstützt, und in den Stand gesetzt, in seiner Lebenszeit die Arbeit zu tun, die zu verrichten gewöhnlich 100 Jahre beansprucht.

Er erfüllte vier Missionen in seinem Heimatlande, schrieb für den „Mill. Star" und schrieb eine Anzahl Lieder, die heute wohl bekannt sind. Vielleicht hat er als Redakteur der „Deseret News", zu welchem Posten Brigham Young ihn berief, seine größte Bekanntschaft erlangt.

Unter seinen Werken erwähnen wir besonders: „Mormon Doctrine". „Blood Atonment", „Mountain Meadow Massacre", „Priesthood and Presidency", „Rays of living light" und „A spirited controversy".

Im Juli 1904 wurde er zum Apostelamte ordiniert und hat als solcher seine vierte Mission in dem Lande seiner Geburt erfüllt. Er präsidierte über die Europäische Mission und ist den deutschen Heiligen daher wohl bekannt.

Dr. James E. Talmage ist in den Vereinigten Staaten als Geologist und Orator wohl bekannt. Die folgenden Produktionen seiner Feder sind den Heiligen, sowie Missionaren und Freunden im Studium der Prinzipien des Evangeliums von großem Nutzen geworden: „Articles of Faith", „The Story of Mormonism" und „The great Apostasy". Vielleicht gibt es kein besseres Buch über die Lehren der Kirche, denn sein „Articles of Faith".

In Utah und Umgebung ist er als einer der hervorragendsten Erzieher bekannt. Er war ein Schüler des verstorbenen Dr. Karl G. Maeser. Ein würdiger Schüler eines großen Meisters. Für viele Jahre arbeitete er in den Kirchenschulen; aber in letzterer Zeit hatte er den „Chair of Geology" in der „Universität of Utah" inne.

Das A B C eines Mormonen.

Ich werde:

Achtsam auf meine eigenen Fehler,
Barmherzig gegen alle,
Christlich, aber nicht frömmelnd,
Dienstfertig für mein Vaterland,
Ernst in allen Dingen,
Fröhlich wie ein Vogel,
Gütig in Tat auch in Gedanken,
Hoffnungsvoll trotz allem,
Intelligent, aber nicht aufgeblasen,
Jung und frisch im Herzen,
Kühn in Verteidigung der Wahrheit,
Lustig und freudig in der Arbeit,
Mildtätig gegen die Unglücklichen,
Nützlich zu jemand,
Optimistisch in Trübsal,
Pflichttreu zu mir selbst,
Qualität — nur von der besten,
Rechtschaffen in meinen Handlungen,
Sittlich zu jeder Zeit,
Treu in allem meinem Wesen,
Uneigennützig gegen jedermann,
Vorsichtig in meinen Vergnügungen,
Willig, das Beste zu glauben,
Xantippisch gegen Sünde,
Yankees in Betreff des Fortschritts, und
Zufrieden, aber strebsam sein.

J. E. Ballentyne.

Ein Denkmal für Oliver Cowdry enthüllt.

In Richmond, Mo. U. S. A. wurde am Mittwoch, den 22. November 1911, das vor kurzem errichtete Denkmal des Oliver Cowdry enthüllt und eingeweiht.

Oliver Cowdry war einer der Zeugen des Buches Mormon. Er mit David Whitmer und Martin Harris bezengte, daß ein Engel Gottes ihnen die goldenen Platten, von denen das Buch Mormon übersetzt wurde, vorlegte, sodaß sie die Tafeln betrachten und auch die Eingravierungen darauf sehen konnten.

Folgendes, ist das Zeugnis dieser Männer:

„Allen Völkern, Geschlechtern, Sprachen und Leuten, zu denen dieses Werk gelangen wird, sei es kund getan, daß wir durch die Gnade Gottes, des Vaters, und unseres Herrn Jesu Christi, die Tafeln, welche diese Urkunde enthalten, gesehen haben. Dieselbe ist eine Urkunde des Volkes Nephi und auch ihrer Brüder, der Lamaniten, wie auch des Volkes Jared, die vom Turm, von welchem geredet worden ist, kamen, und wir wissen, daß sie durch Gottes Gabe und Macht übersetzt worden sind, denn Seine Stimme hat es uns erklärt; daher wissen wir mit Bestimmtheit, daß das Werk wahr ist. Wir bezeugen, daß wir die

Gravierungen, welche auf den Platten sind, gesehen haben, und durch Gottes, und nicht menschliche Macht, sind sie uns gezeigt worden. Wir erklären mit ernsthaften Worten, daß ein Engel Gottes vom Himmel herniederkam, die Platten brachte, und sie vor unsern Augen niederlegte, so daß wir sie, mit den Gravierungen darauf, gesehen und betrachtet haben. Wir wissen, daß wir dieses allein durch die Gnade Gottes, des Vaters, und unseres Herrn Jesu Christi sahen, und bezeugen, daß diese Dinge wahr sind; es ist wunderbar in unseren Augen, doch befahl uns die Stimme des Herrn, daß wir darüber zeugen sollten; um daher den Befehlen Gottes zu gehorchen, geben wir Zeugnis über diese Dinge. Wir wissen auch, wenn wir in Christo getreu sind, so werden wir unsere Gewänder von dem Blute aller Menschen rein waschen, und ohne Makel vor dem Richterstuhl Christi stehen und werden ewig mit Ihm in den Himmeln wohnen. Ehre sei dem Vater und dem Sohne und dem heiligen Geist, welches ein Gott ist. Amen."

David Whitmer.
Oliver Cowdry.
Martin Harris.

Später war Oliver Cowdry dem Propheten Joseph Smith in der Uebersetzung der Platten behilflich. Während der Arbeit der Uebersetzung war es, daß beide unter den Händen Johannes des Täufers zum aaronischen Priestertume ordiniert wurden.

Nachher empfing er auch mit Joseph das melchisedekische Priestertum, von Petrus, Jakobus und Johannes, die es früher auf Erden hatten, und nun den beiden durch Handauflegung übertragen wurde.

Oliver Cowdry war das erste Mitglied der Kirche, das getauft wurde, und einer der sechs Mitglieder der Kirche, die bei der Organisation derselben anwesend waren, als dieselbe in Fayette am 6. April des Jahres 1830 gegründet wurde. Er war der zweite, der in dieser Dispensation zum Aeltesten ordiniert wurde.

In allen Angelegenheiten der Kirche war er tätig, und blieb seinem Zeugnis über das Hervorkommen des Buches Mormon treu, bis zu seinem Tode. Im 44. Lebensjahre ereilte ihn der Tod; es war am 3. März 1850, daß er seine sterbliche Hülle niederlegte. Er wurde in Richmond, Ray County, Mo., begraben, wo nunmehr ein Denkmal errichtet worden ist.

Wohl wahr, daß er, als die Kirche durch schwere Verfolgungen gehen mußte, sich von der Gemeinschaft seiner Brüder zurückzog, und den Versuchungen der Heiligen anheim fiel; doch hat er niemals die Göttlichkeit des Werkes der letzten Dispensation, der Fülle der Zeiten verleugnet, und bezeugte seine Aufrichtigkeit, indem, daß er an seinem Lebensalter demütig und bußfertig zu seinen Mitbrüdern kam und um Gemeinschaft mit ihnen und Aufnahme in die Kirche bat, keinen Anspruch auf seinen früheren Rang oder Würde machend.

Nichts vermochte sein Zeugnis von den wundervollen Begebenheiten, die mit dem Hervorkommen des Buches Mormon verknüpft waren, zu erschüttern: „Mit meinen eigenen Augen sah ich, und mit meinen Händen hantierte ich die goldenen Platten, von welchen es übersetzt wurde. Auch sah und nahm ich die heiligen Uebersetzer in meine Hände. Jenes Buch ist wahr. Sydney Rigdon schrieb es nicht, ebensowenig ist es von Herrn Spaulding geschrieben worden; ich schrieb es selbst so wie es von den Lippen des Propheten Gottes floß." Solches war sein Zeugnis, wo überall er Gelegenheit hatte, von diesem Berichte zu sprechen. David Whitmer spricht von der Aufrichtigkeit Oliver Cowdrys in der folgenden Weise: „Ich bezenge auch vor aller Welt, daß weder Oliver Cowdry, noch Martin Harris, je ihr Zeugnis verleugneten. Beide bezengten bis zu ihrem Lebensabende, daß das Buch Mormon durch göttliche Macht hervorgebracht wurde. Ich stand am Totenbette Oliver Cowdrys, und seine letzten Worte waren: „Bruder David, sei getreu zu deinem Zeugnis, über das Buch Mormon.''

Nebst der zahlreichen Vertretung von Freunden und Bürgern der Umgegend, hatten sich auch ungefähr 500 Personen von Utah zur Enthüllungsfeier eingefunden, unter denen sich auch die 200 Sänger des Tabernacle-Chors befanden. Apostel Heber J. Grant führte den Vorsitz. Er sagte in seiner Rede, daß S. O. Benion, Präsident der Central= Staates = Mission, zuerst den Vorschlag machte, dem Oliver Cowdry ein Denkmal zu errichten, welches dann auch unter der Aufsicht des Aeltesten, Junius Wells, zur Ausführung gebracht wurde. Ein präch= tiges, passendes Granitdenkmal, bezeichnet heute den Platz, wo die sterb= lichen Ueberreste dieses großen Mannes ruhen. Nach dem Eröffnungs= gebete, das Präsident Benion sprach, sang der Chor das Lied „Hosanna". Die anwesenden Missourianer sagten, daß sie in ihrem Leben noch nie solch einen herrlichen Gesang gehört hätten.

Aeltester Junius F. Wells, erzählte dann verschiedenes aus dem Leben Oliver Cowdrys, und daß die Kirche dies Denkmal errichtet habe. Das Lied: „O mein Vater, der Du wohnest, hoch in Herrlichkeit und Licht," wurde von dem Chor gesungen, worauf Herr James L. Farris, im Namen des Bürgermeisters und der Einwohner Richmonds, die Besucher willkommen hieß, und in gefühlvoller Weise von dem Leben und der Arbeit, des auf dieser Stätte Ruhenden, sprach. Den Bürgermeister vertretend, übergab er die Schlüssel der Stadt den Be= suchern. Auch Herr Geo. W. Schweisch, Enkel des David Whitmers, (eines der drei Zeugen des Buches Mormon) hielt eine kurze, aber ergreifende Ansprache. Er wies darauf hin, daß, ungeachtet der vielen Bemühungen, die unternommen wurden, seinen Vater zum Verleugnen seines Zeugnisses zu bringen, derselbe seinem Zeugnis getreu blieb, und daß nichts in dieser Welt imstande war, ihn davon abzubringen.

Nachdem der Chor den Choral: „God is our refuge" gesungen hatte, sprach Apostel Heber J. Grant zu den Anwesenden. Er sagte, daß er den Charakter der Männer ehre und bewundere, die uns ein Zeugnis für die Wahrheit des Buches Mormon hinterlassen haben. Gott, der Herr, hat sie erwählt und berufen. Es könne als eine Fügung Gottes angesehen werden, daß sie mehrere Jahre getrennt von der Kirche lebten; aber vor ihrem Tode doch noch um Aufnahme in dieselbe baten, und auch erhielten. Während den Jahren, die sie außerhalb der Kirche zubrachten, blieben sie ihrem Zeugnis jedoch getreu, und sprachen bei jeder Gelegenheit, die sich ihnen bot, von der Er= scheinung eines Engels vom Himmel, der vor ihren eigenen Augen die alten Goldtafeln mit den eingravierten Urkunden niederlegte.

Miß Kathrine Schweisch, Urgroßtochter des David Whitmer, ent= hüllte dann das Denkmal und Apostel Heber J. Grant, sprach das Ein= weihungsgebet.

Alle Besucher schätzten das Vorrecht, auf dem Boden zu sein, wo früher so viele der Heiligen gewohnt hatten, und nachher von einem mörderischen Pöbel vertrieben wurden; viele ihrer Häuser wurden verbrannt, und manch ein edles Herz brach unter all dem Gram und

Leid, welches ihnen zugefügt wurde. Etliche der alten Häuser stehen noch, und werden den Fremden als die Ruinen der einstigen blühenden Stadt der Heiligen der letzten Tage bezeichnet.

Zum Jahresende.

Beständig fließt der Strom der Zeit, und eilt ohne Aufenthalt dem Meere entgegen. Da er noch fröhlich plätschernd der Quelle enteilte und als Bächlein munter über Fels und Geröll hüpfte, wußte er noch wenig, von den Dämmen, die weiter unten im Tale seinen Weg versperren und ihn zwingen würden, die Mühlräder zu treiben, und daß, nachdem er die Arbeit vollendet, und frohen Mutes weiter eilen würde, er schwere Lasten tragen müsse, die seinen Lauf schon ein wenig vermindern, bis er schließlich nach ereignisreichem Wirken in das Meer münden würde.

Auch dein Leben, o Mensch, ist wie ein geringer Strom der Zeit, der in das Meer der Ewigkeit mündet. Fröhlich sangest du in den goldigen Tagen am Morgen deines Lebens. Keine Wolke schien deinen sorgenfreien Himmel zu verfinstern; die Welt erschien dir wie ein Paradies, mit den Menschen darin, als die Hüter des Gartens. Wenig verstandest du von dem Zweck deiner Existenz, und noch weniger von dem Platze deiner Herkunft. Du warst in einer neuen Welt, die von der andern, die du verlassen, durch einen Schleier getrennt war.

Da du älter wurdest und der Ernst des Lebens an dich herantrat, schien es zu Zeiten, als ob der mit schwarzen Wolken bedeckte Himmel nie seine finstere Miene erheitern würde. Und wenn im Kampfe des Lebens du manchmal getäuscht dastandest, wenn Mut und Trost dir zu entfliehen schien, und dein kummervolles Herz unter der gewaltigen Last zu brechen schien, so erhobst du dein feuchtes Auge und suchtest für ein Sternlein der Hoffnung am himmlischen Zelte; und es war dann, daß du über den Zweck deines Hierseins und die Heimat deiner Seele nachdachtest. Und nichts, denn das Evangelium Jesu, des Gekreuzigten, konnte deinem ruhelosen Herzen den ersehnten Frieden verschaffen. Es zeigte dir, daß auch dein Leben einmal in das Meer der Ewigkeit münden würde, wo Zeit nicht mehr sein wird, und wo du die Früchte deiner Erdenarbeit genießen würdest.

Wieder sind wir einmal bei der Windung des Flusses der Zeit angelangt. Zurückschauen, auf den Lauf des vergangenen Jahres können wir wohl; aber nicht so über das kommende hinweg blicken. Es scheint, daß die menschliche Schwachheit, über die gute, alte Zeit nachzudenken, und von derselben zu träumen, uns eines großen Teiles unserer schaffenden Tätigkeit beraubt. Die Vergangenheit taucht in unserer Seele auf, in einem Lichte, wie sie wirklich nie existiert hat, und blendet unsere Augen, sodaß wir die sich uns darbietenden Gelegenheiten der Gegenwart nicht sehen, und unbeachtet vorüberschlüpfen lassen.

Was immer unsere Taten im alten Jahre gewesen sind, dieselben können nicht geändert werden, wenn gut, so mögen wir sicher sein, daß sie uns, und vielleicht auch andern zum Segen gereicht haben; wenn böse, so hat es absolut keinen Zweck, daß wir beim Beklagen derselben unsere Zeit versäumen. Die Mühle mahlt nie wieder mit dem Wasser, das einmal über das Rad dahingeflossen ist. Und in der Vergangenheit zu leben, hat auch keinen Zweck. Das beste, das wir uns am Beginn des Jahres vornehmen können, ist nicht, daß wir sagen: „Ja, ich will mich im neuen Jahr beffern," denn jener gute Vorsatz wird gerade so schnell entschwinden, wie er kam, sondern sagen: „Was auch immer kommen mag, ich will probieren, jeden Tag mein mög= lichstes zu tun, um meinem Gotte zu gefallen und meinem Mitmenschen zu helfen." Und wer das tut, wird nie für seine eigene Seele zu fürchten brauchen.

Die Redaktion des „Stern" wünscht allen Lesern ein gesegnetes Neues Jahr, und dankt denselben für die Unterstützung, die sie der Zeitschrift im verflossenen Jahre dargebracht haben. Durch die Hilfe der Missionare und Heiligen sind wir imstande gewesen, die Zahl der Abonnenten bedeutend zu vergrößern. Manch ein Freund der Wahrheit, durch den Strahl des „Stern" erleuchtet, hat den Weg zum Leben gefunden. Tausende von Copien des „Stern" sind von den Aeltesten als Traktate verteilt worden und die Resultate sind auch nicht aus= geblieben. Zur gegenwärtigen Zeit beläuft sich die Auflage des Stern auf 7000 Copien. Wir senden die Zeitschrift außer zu den deutschsprechen= den Nationen wie Deutschland, Oesterreich=Ungarn und die Schweiz, auch in die folgenden Länder: Vereinigte Staaten von Nordamerika, Frankreich, England, Rußland, Schweden, Dänemark, Holland, Italien, Algerien, Klein=Asien, Bulgarien, Neu=Seeland und Aegypten.

Wir wünschen dem „Stern" im Jahre 1912 weitere Verbreitung zu geben, denn er je zuvor gehabt hat, hoffen daher auch, uns des guten Willens unserer Abonnenten weiter erfreuen zu dürfen.

Laßt uns vereinigt unsern Kampf gegen Sünde und Ungerechtig= keit fortsetzen und nicht eher aufhören, bis daß der letzte Widerstand der Mächte der Finsternis überwunden ist, Friede unter den Menschen herrscht und Gerechtigkeit in den Herzen der Leute wohnt. Diejenigen, welche so arbeiten werden, werden die Kinder Gottes heißen, und zu den Auserwählten gehören, wenn der Herr der Heerscharen in Macht und großer Herrlichkeit in den Wolken des Himmels erscheinen wird. Größere Nützlichkeit und Nächstenliebe wird uns helfen, den Zweck un= seres Hierseins zu erkennen. Und was auch immer kommen mag, Freud oder Leid, laßt uns niemals den Zweck unseres Hierseins und Platz unserer Herkunft vergessen.

Unterrichtsplan.

Die Lehren der Kirche.

Aufgabe 1.

Gott und die Gottheit.

Text: „Wir glauben an Gott, den ewigen Vater, und an Seinen Sohn Jesum Christum und an den Heiligen Geist."

I. Das Dasein eines Gottes.

   1. Eine Sache des allgemeinen Glaubens.

      a) Die dem Menschen angeborene Veranlagung der Gottesver= ehrung. (Siehe Bemerkung 1.)

      b) Götzendienst ist falsch angewandte Verehrung. Wenn durch Sünde die Menschen Gott nicht länger anerkennen, vergöttern sie irgend einen Gegenstand oder Auffassung ihrer eigenen Wahl. (Markus 7:5, 9, 13. Kol. 2:8. I. Petri 1:18. Ebr. 20:18 und Bemerkung 2).

   c) Vergleiche Atheismus mit Götzendienst.

2. Durch besondere Beweise bestätigt.

   a) Die Beweise der Sage und Geschichte. Merke, daß am Anfang der Geschichte die Menschen eine persönliche Erkenntnis Gottes hatten. (I Mose 3:8. 4:9—16. 6:13. 12; II Mose 19:9, 17—20).

   b) Das Zeugnis der menschlichen Vernunft. Zweck und Ziel in der Natur allen einleuchtend. (Ebr. 3:4.). Nur die Toren sprechen in ihrem Herzen, es gibt keinen Gott. (Psalm 14:1. Sprüche 1:7. 10:21. 14:9.) Es besteht ein Unterschied zwischen der Natur, die Werke Gottes und Gott selbst.

   c) Das Zeugnis der direkten Offenbarung — am sichersten. Nebst Hinweisungen unter a) oben, siehe Offenbarung zu Enoch (I Mose 5, 18—24. Vergleiche Jude 14, mit K. Perle Mose 5, 6); zu Moses (II Mose 3:6. 20:18—22. 24:9; zu Jesaias 6:1—15). Zum Bruder Jareds (Buch Mormon, Ether 3); zu Joseph Smith (Lehre und Bündnisse 76:11—24; 110:1—4.) und seinen Bericht in der Köstlichen Perle.

II. Die Gottheit.

1. Drei Wesen. Vater — Sohn — Heiliger Geist.

   a) Persönliche Erscheinungen (Matth. 3, 16, 17. Markus 1:9—11. Lukas 3, 21, 22; siehe auch Johannes 14:26; 15:26. Apost.-Gesch. 7:55, 56; und oben angeführte Schriften von Joseph Smith.)

   b) Jede Person der Dreieinigkeit wird Gott genannt und zusammen bilden sie die Gottheit. (I Kor. 7:6. Johannes 1:1—14. Matth. 4, 10. I Thim. 3, 16. I Joh. 5, 7. Buch Mormon Mosiah 15, 1—2.)

2. Einigkeit der Gottheit.

   a) In Eigenschaften, Kräften und Zielen. (Joh. 10:30, 38. 17, 11, 22. Buch Mormon I Nephi 11:27, 36; 28:10; siehe auch Alma 11, 44. Joh. 14, 9—11.)

   b) Die Meinung, daß die Gottheit eins in Wesen sei, ist vernunft- und schriftwidrig.

*   *

Aufgabe 2.

Der freie Wille des Menschen.

Text: „Wir glauben, daß alle Menschen für ihre eigenen Sünden gestraft werden, und nicht für Adams Uebertretung."

I. Der freie Wille von Gott gegeben.

1. Eine Folge der Eigenschaft der göttlichen Gerechtigkeit.

   a) Ohne Freiheit, zu tun und zu lassen wie sie will, könnte die Menschheit nicht für ihre eigenen Sünden verantwortlich gehalten werden.

   b) Doch sind die natürlichen Folgen der persönlichen Handlungen unvermeidlich.

2. In den Schriften verkündigt.

  a) Zu Personen: Adam (Köstliche Perle Seite 17; auch Seite 15; I Mose 2:17; Lehre und Bündnisse 29; 35.)

  b) Zu den Menschen im Allgemeinen. (B. Mormon II Nephi 2:16, 27; 3:26, 27; 12:31; 29:4, 5; 30:9; Helaman 14:30, 31; Lehre und Bündnisse 29:39; 58:27, 28; 98:8.)

3. Dem Menschen schon von Anfang her versichert.

  a) Der unerfolgreiche Versuch Satans, die freie Wahl des Menschen zu vernichten.

  b) Christi Anerbieten angenommen. (K. Perle Moses 4:1; Abraham 3:27, 28. Lehre und Bündnisse 29:36—39; 76; 25.)

II. Der freie Wille schließt Verantwortlichkeit in sich.

1. Das Gesetz der Ursache und des Effekts.

  a) In der Natur bewiesen, z. B. die Uebertretung der Gesetze der Gesundheit bringt Krankheit zur Folge.

  b) Auch so im geistigen Wachstum — keine unserer Taten schließt mit sich selbst, sondern hat eine Nachwirkung, entweder für mehr Gutes oder Böses.

2. Persönliche Verantwortlichkeit verkündigt. (Matth. 12:36; auch 10:15, 11:22; II Petri 2:9; 3:7; I Joh. 4:17; Offb. 20:12, 13.)

III. Sünde.

1. Das Wesen der Sünde. (I Joh. 3:4.)

  a) Sünde in Unwissenheit begangen. (Römer 2:12; B. Mormon II Nephi 9:25—26. Lehre und Bündnisse 76:72 und 14:54.)

2. Strafe für Sünde.

  a) Die natürliche Folge.

  b) Der Uebertretung angemessen. (Lehre und Bündnisse 76:82—85; 82:21; 104:9; 63:17; B. Mormon II Nephi 1, 13; 9:27; 28:23.)

  c) Dauer der Strafe; richtige Bedeutung der endlosen oder ewigen Strafe (Lehre und Bündnisse 19:10—12.).

*   *   *

Bemerkung 1. (Zu Aufgabe I.)

„So weit zurück, wie in den Tagen Ciceros, im ersten Jahrhundert B. C. oder vielleicht schon früher, hatten die Denker des Heidentums bemerkt, daß Religion in der einen oder der anderen Form ein allgemeiner Charakterzug der menschlichen Natur ist. Und obgleich in modernen Zeiten eine augenscheinliche Ausnahme stattgefunden zu haben scheint, indem daß „atheistische Stämme" probiert haben das Gegenteil zu beweisen, so kann doch von der anthropologischen Wissenschaft mit Sicherheit gesagt werden, daß sie die Meinung des Altertums bezüglich dieses Punktes aufrecht erhält. Es mögen wirklich wilde Kanibalen existieren, unter denen keine bestimmte Spur religiöser Verehrung gefunden werden kann (doch ist dieser Punkt noch nicht bewiesen worden); aber können dieselben als normale Vertreter der un-

entwickelten Menschheit angesehen werden? Gibt es nicht·so etwas wie
Degradation? Und haben diese armen Wilden nicht eine Spur des re=
ligiösen Lebens? Denn das ist eigentlich alles, was unser Argument
verlangt. Der weltweite Fortschritt der Christen=Missionen unter den
Heiden scheint ziemlich triumphierend zu bezeugen, daß keine Rasse
oder Stamm der Menschen, wie verkommen und atheistisch derselbe auch
sein mag, dennoch einen Funken des religiösen Lebens besitzt, der ernährt,
zu einer mächtigen Flamme empor flackern kann.

Zugegeben denn, daß religiöse Veranlagung allgemein ist, was ist
dann die wichtige Meinung dieser Tatsache? Schon von den frühesten
Zeiten her ist es als ein Argument — oft (fälschlich) als ein Beweis,
für das Vorhandensein eines Gottes betrachtet worden. Man hat
es als das Argument der allgemeinen Zustimmung der Menschheit
betrachtet." (Belief in God, Dummelows Commentary).

Bemerkung 2. (Zu Aufgabe I.)

Nach langem Forschen und eingehenden Diskussionen zu der Ein=
sicht gekommen, daß die große Verschiedenheit in dem Glauben der
Menschen, bezüglich der Gottheit, nicht durch Zufall, noch äußeren
Zuständen, noch aus der Natur des menschlichen Geistes entstanden
ist, schreibt William Burder in seinem großen Werke „Geschichte aller
Religionen", daß der wahre Grund für die Abweichung von der Er=
kenntnis Gottes in der radikalen Verdorbenheit des menschlichen Herzens
zu finden ist. „Ist dies nicht der wahre Grund?" frägt er. „Es
scheint uns, daß derselbe in nichts anderem gefunden werden kann.
Angesichts des Beschlusses der Bibel, und der Resultate der Beobachtung
können wir die Verdorbenheit des menschlichen Herzens nicht begreifen.
Insofern, als dieselbe in allen Menschen mehr oder weniger vorhanden
ist, muß sie dieselbe selbstverständlicherweise zu einer Verschiedenheit
religiöser Ansichten und Gebräuchen oder vielmehr zu Irreligion unter
all den verschiedenen Namen hinreißen. Sie würde sie leicht bewegen,
den wahren Glauben zu verlassen, und die Schranken, die göttliche
Autorität ihnen auferlegt, abzuwerfen. Um ein schuldbewußtes Ge=
wissen zu beruhigen, und eine nimmerrastende Liebe der Neuigkeit zu
befriedigen, würde sie viele Systeme und Einrichtungen hervorbringen.
Ausgenommen in denen, in welchen die göttliche Gnade die Verdorbenheit
überwand, existierte in allen eine beständige Neigung, von den Wegen
Gottes abzuweichen — die religiöse Wahrheit zu verlieren, und in
Finsternis und Unglauben zu versinken. In solchem Zustande ist das Ge=
müt zu allen Unvernünftigkeiten fähig.

„Nationen über Gott in Unwissenheit, erschaffen einen hölzernen."
Hieraus sind die Altare und Dämonen des heidnischen Altertums
entstanden; auch ihre übernatürlichen Fabeln und abscheulichen Götzen.
Daher finden wir unter den Babyloniern und Arabern die Verehrung
der himmlischen Gestirne, die früheste Form des Götzendienstes; unter
den Canaaniten und Syrern, die Anbetung Baals, Tammuz, Magog
und Astarte; unter den Phöniciern das Opfern der Kinder dem Mo=
loch; unter den Aegyptern göttliche Ehrung der Tiere, Vögel, In=
sekten und Zwiebeln; unter den Persern die Feuerverehrung und unter
den gebildeten Griechen die Anerkennung von ungefähr 30,000 Götter
in dem System ihres Glaubens."

„Die größten Kräfte des Lebens scheinen in Schweigen eingehüllt zu sein. Kein Ohr vernimmt, wie die Sonne die unzähligen Tonnen Wasser in die Luft hinein zieht, die später als Regen niederfallen. Niemand hört das Aechzen der Faser der mächtigen Eiche, die zu einem gewaltigen Baume hinanwächst. Geräusch ist gewöhnlich ein Nach=Effekt, der beim Einsetzen der Kräfte nicht bemerkbar ist. Tönendes Erz und klingende Schellen sind geräuschvoll, aber nicht kraftvoll. Schweigend entwickelt sich der Wille zu seinem Urteil; und viel Lärm ist nicht notwendig, um zu bezengen, daß es einem wirklich ernst zu Mut ist. Liebe entwickelt sich ohne einen Laut. Der große Men=schenfischer arbeitete schweigsam und ruhig wie Fischer gewöhnlich tun, und wie Jesaias sagt, nicht schreiend und seine lärmende Stimme überall unter den Leuten erschallen lassend; aber dennoch tat er seines Vaters Arbeit zu jeder Zeit. Wir brauchen nicht bestürzt zu sein, wenn unsere aufrichtige Arbeit nicht viel Getöse verursacht, oder keine unmittelbaren Erfolge aufweist. Wenn wir wirklich ernst sind, lasset uns alles tun, was wir tun können, unsere Zunge halten und still schweigen. Unser großer Gefährte ist die Schweigsamkeit."

Selected.

* *

„Wie unter der gefrorenen Erde der Samen dem kommenden Frühling sehnend entgegenschaut, so erwartet auch der ruhelose Kranke, in den schlaflosen Stunden der Nacht, den Glanz der Morgenröte; wie der Verbannte in einem fremden Lande, sich nach der Heimat sehnt, und sein Herz sogar in der Hoffnung der Rückkehr lebt, so mag auch die Seele in den Stunden der Trennung von Gott, erwartungs=voll der Rückkehr entgegenblicken, und sozusagen in dieser Hoffnung schon in der Nähe des Vaters wohnen; wie der Psalmist, von Jeru=salem verbannt, singt: „Warum bist du betrübt, o meine Seele? und warum bist du so unruhig in mir? Hoffe auf Gott, denn ich werde Ihm, der die Gesundheit meines Angesichtes ist, meinen Gott doch noch loben."

Lyman Abbot.

* *

Suchet Weisheit aus den besten Büchern.

Inhalt:

Der Stern erscheint monatlich zweimal. Jährlicher Bezugspreis: 3 Fr., Ausland 3 Kr., 2.40 Mk., 0.75 Dollar.

Verlag und verantwortliche Redaktion, sowie Adresse des Schweizerisch=Deutschen Missionskontors:

Thomas E. McKay, Zürich 5, Höschgasse 68.

Druck von Jean Frey, Dianastraße 5 u. 7, Zürich.   4135

n Schweigen eingehüllt
der unzähligen Tonnen
des Regen niederfallen,
mit mächtigen Stöße, die zu
n gewöhnlich ein Nach-
vermerkt ist. Tönendes
l, aber nicht kraftvoll,
Handel, und viel Lärm
s einen wirklich ernst
… Der große Men-
… gewöhnlich tun,
… tönende Stimme
… tat er seines
… begierig zu sein,
e verwirrt, aber keine
… ernst sind, lasset
… halten und still
… gedenket."

Selected.

… den kommenden
auf der rubelose Kranke,
Stimm der Morgenröte;
… nach der Heimat
… lebt, so mag
von Gott, erwartungs-
… dieser Hoffnung
… von Jeru-
… meine Seele?
… auf Gott, denn ich
… meinen Gott
… Abbot.